Édition : Books on Demand,
12/14 rond-Point des Champs-Elysées, 75008 Paris
Impression : BoD - Books on Demand, Norderstedt, Allemagne
ISBN : 9782322181315
Dépôt légal : janvier 2021

La poésie

C'est un besoin une envie
La poésie agrémente la vie
Quand la douceur
Prend la forme d'une fleur

Quand on voit l'enfant
Qui embrasse tendrement sa maman
On ne peut que s'attendrir
Le contraire serait mentir

La poésie c'est adoucir son cœur
C'est vivre intensément parmi les fleurs
C'est donner un peu de son être
C'est aussi partager un certain bien être

Offrir un bouquet de fleurs
Ouvrir grand son cœur
Chasser le doute
Et être à l'écoute

Voici la tendre poésie
Celle qui embellit la vie
Qui permet d'être plus joyeux
D'être encore plus heureux

En vivant dans la tendresse
Une joie réelle se manifeste
Et un bonheur certain
Agrémentera nos matins

Viens regarder par le petit trou

Viens donc te cacher
Sous les grands marronniers
Dans la petite cabane
Viens avec ta sarbacane

Elle t'attend la nature,
Couverte d'une splendide verdure
Pour voir ses atouts
Regarde par le petit trou

En forme de cœur,
Tu apercevras le bonheur
Au creux de la vallée,
Tes yeux seront émerveillés

Ta pensée guidera ton regard
Non ce n'est pas le hasard
De là, la vue est magnifique
Et l'on entend une petite musique

Pour l'entendre, il faut être un enfant
On ne l'entend plus quand on est grand
Alors reste encore un peu
Profite, il n'y a pas le feu

Garde en toi la petite musique
De cette chevauchée fantastique,
Reste le petit enfant empli de bonheur
Qui regardait par le petit trou en forme de cœur

Qu'il soit dit en passant

Vive le vent
Vive le printemps
Cette saison est charmante,
Les filles sont plus souriantes

Vive la pluie
Ouvrons nos parapluies
Sur le chemin des amoureux
On est bien tous les deux

Vive la vie
Ne jouons plus la comédie
Puisque l'on s'aime
Oublions tous nos problèmes

Vive le bonheur
C'est un grand jardin de fleurs,
Ton cœur tout contre mon cœur
Viens goûter à la douceur

Vive la vie de bohème
On récolte ce que l'on sème,
L'amour un beau jour
Se trouvera sur le chemin du retour

Vive l'amitié
Sans dépit, sans pitié
Votre destin va se dessiner
Au crayon de papier

L'un contre l'autre

Dans le calme du soir
Deux amoureux sont remplis d'espoir
Dans leur tête
Trotte un petit air de fête

L'un contre l'autre
La vie devient toute autre
Elle n'est plus un supplice
Quand on en récolte le bénéfice

C'est qu'enfin on a trouvé son bonheur
En approchant un joli cœur
Que l'on s'en est épris pour la vie,
On ne joue plus la comédie

L'amour est passé par là
Ils s'embrassent
Ils s'enlacent
Le rêve commence comme cela

Dans ce monde amoureux
Où tout est merveilleux
On chante on danse
Par intermittence

Le temps passe et court
Le temps nous apparaît trop court
Quand on aime d'amour
De la nuit au petit jour

Très observateur

Il s'en allait allègrement
Sur un chemin du département
En regardant par-ci par-là
Belles maisons, belles villas

Il était entouré d'oiseaux
Quand il passa le petit pont du ruisseau
Il vit la truite printanière
Qui alla se cacher sous la berge de la rivière

Tout autour de lui
La campagne était remplie de vie
Les vaches ruminaient
En écoutant la gent ailée qui bavardait

Un certain charme embaumait le vallon
On voyait onduler la moisson
Le vieux mur se chargeait de mousse
Et la brise se faisait de plus en plus douce

Lui, il s'en allait allègrement
Sur un chemin du département
Il savourait le bonheur,
Le silence, en passant au milieu des fleurs

Son ravissement était total
Sa joie sans égal,
Les yeux si étonnés
Que l'on aurait pu croire qu'une fée venait de l'envoûter

Dans la verte campagne

De mon vallon
Se chante une douce chanson
Sous les arbres tout au matin
On entend un joyeux refrain

Les oiseaux chantent
Dans un paysage qui enchante
Et l'on oublie les faits divers
Quand on entend le kiak sonore du pivert

Quand revient le coucou
Le vent est doux
La neige a disparu,
Le beau temps est revenu

Par les petits chemins
Coule l'eau et le trop plein
S'en va enrichir la rivière
Tout en désaltérant les fougères

Dans mon vallon
Se chante une agréable chanson,
Un doux murmure
Vous présage de merveilleuses aventures

Laissez-vous tenter
Venez écouter, venez rêver,
Votre cœur va s'enflammer des charmes de la douce brise
Venez rêvasser dans ce vallon rempli de surprises

Pour moi

C'est une chanson
Un vrai bonheur
Des mots s'envoleront
Pour finir au milieu des fleurs

Ou juste à côté
Pour mieux vous étonner,
Vous rendre tout joyeux
Le cœur léger vous ne serez plus malheureux

Les mots du bonheur
Font chavirer les cœurs
Et glisser dans l'oubli
Le plus petit de vos soucis,

Les mots parfois sèchent les pleurs
Et font oublier les rancœurs
Il y en a des doux
Et d'autres qui rendent jaloux

Comme une chanson
Se fredonne à l'unisson
Les mots s'inventent
Parfois je plaisante

Mais, la poésie c'est ma passion
Elle m'empêche de tourner en rond
Si j'écris des poèmes c'est pour vous,
Tous ces mots doux prenez-les, ils sont à vous

Un joli collier

Dans le petit sentier
Qui monte vers la colline,
Un jour j'ai trouvé
Au bord du chemin

Un joli collier
La chaîne était cassée
C'est pour cela que le collier est tombé
Et moi en passant, je l'ai ramassé

Ce n'était pas de l'or
Mais des perles brillaient au soleil
Avec des reflets sans pareil,
Il était d'une beauté exceptionnelle

C'était un très beau collier que je venais de ramasser
À mon premier regard
Des perles rares
Montées par un joaillier,

L'ensemble était parfumé
D'un parfum qui venait d'orient,
Celle qui le portait devait avoir voyagé
Il devait appartenir à une haute personnalité.

Soudain j'ai vu une petite silhouette
Qui venait vers moi en pleurant, c'était une fillette
Qui me dit j'ai perdu le collier de ma mamie
Et moi je lui dis tiens le voici

L'escargot et le papillon

Les prés se couvraient de verdure
Et coloraient la belle, la nature
Un petit escargot se promenait
Sur le chemin qui joue dans la forêt

Tout joyeux, tout content
De goûter à la douceur du vent
Il avançait lentement
Les cornes orientées vers le firmament

Quand il vit un papillon aux ailes frêles
Un peu étourdi ne manquant pas de zèle
Croyant se poser sur une jonquille,
Le papillon vint se poser sur sa coquille

L'escargot l'interpella
Mais que fais-tu là ?
Papillon au grand cœur
Normalement, tu te poses sur les fleurs

Tu sais lui dit-il je suis tout petit
Et je ne fais pas le taxi
Mais pour finir, il en rigola
Et le papillon sur son hôte resta,

Ils vécurent longtemps tous les deux
Le papillon et l'escargot étaient heureux
Mais un jour un terrible coup de vent
Sépara nos deux amis brusquement

En promenade

Dans ma charmante campagne
Ce sont des gazouillis qui m'accompagnent,
Le ciel et toujours bleu
Quand on est heureux

Quand tout est chaleureux
Le temps nous importe peu
Tout près de ma maison
Au cœur du vallon

J'ai pris le petit sentier
Bordé de noisetiers,
C'est un petit raccourci
Que prennent souvent les gens d'ici

Quand ils se promènent
Ce petit chemin les emmène
Vers un étonnant paradis
Où prend naissance la tendre vie,

On retrouve un joli parterre de fleurs,
Un escargot et toute sa lenteur,
Le renard se cache sous un buisson fleuri
Pendant que les petits oiseaux pépient dans leur nid

Tout au long de ce chemin de montagne
L'oisiveté vous gagne
L'étonnement est sans égal
Quand le corps et l'esprit se régalent

Elle est splendide

Je me suis souvent étonné
De la nature et de ses beautés
Le jour à peine levé
Dans les prés, se trouve la rosée

Soudain, naît le bonheur
Quand les fleurs ouvrent leur cœur
Un halo de lumière
Éclaire la rivière

Dès cet instant
Les oiseaux s'en vont chantant
Le petit renard
Nous montre son doux regard

Toute sa jeunesse,
Nous fait voir sa tendresse,
Son insouciance
Pour toute une vie d'errance.

Des libellules
Se moquent d'une tarentule
Pendant que le papillon
Sort de son cocon

Tout beau tout neuf.
La pie jacasse, elle vient de pondre un œuf.
Dans cette nature d'une splendide beauté
Mon cœur s'en est trouvé chaviré

Marie la rêveuse

Quand les feuilles dansent
Le merle chante sa romance,
Comme ils sont beaux les dimanches
Quand Marie met sa robe blanche

Elle va à la messe
Pour écouter les promesses
D'une vie meilleure
Dans un jardin rempli de fleurs

Elle est toute guillerette
En rêvant elle effeuille la marguerite
Elle cueille des violettes
Dans la vallée son corps s'agite

Elle emprunte un chemin de traverse
Le temps change puis il tombe une averse,
Marie n'a pas de parapluie
Elle est obligée de subir la pluie

Et puis timidement se montre le soleil
Doucement, Marie s'émerveille
La pluie a cessé de tomber
Quand soudain elle s'est réveillée

La messe était presque finie
Le curé traçait son homélie
Marie se disait : comme ils sont beaux les dimanches
Quand je porte ma robe blanche

Garni de tendresse

Rempli de douceur
Se retrouve mon cœur
Au milieu d'un jardinet de fleurs
Il connaît un intense bonheur

L'incomparable sentiment de satiété
Il est comblé, par ces beautés inespérées
En bien, il est surpris quand tout est fleuri
Et ses yeux bleus s'ouvrent à la vie.

Il abuse de ces merveilleux instants
Saisissant le moindre mouvement
De ces fleurs ravissantes
Qui embellissent son existence

Et fournissent à son cœur
Une allégresse qu'il ne trouve nulle part ailleurs,
Il se sent libéré d'un fardeau
En écoutant chanter les oiseaux

En regardant les fleurettes
Toutes belles toutes coquettes
Son esprit divague
Et surfe sur la plus haute vague

Émoustillé par le soleil d'un bel été
Il retrouve son sourire enjoué
Au milieu des fleurs, il se sent émancipé
Et tous ces malheurs viennent de se consumer

Sur un éperon rocheux

Dans son château perdu,
Le petit prince ne rêve plus
À des chevauchées fantastiques,
Il est devenu plus pessimiste

Il aime toujours la Franche-Comté
Mais les fenêtres de son château sont fermées
Les princesses ont disparu
Il ne les reverra jamais plus

Les carreaux sont cassés
Une chouette y habite l'été
De là, n'est restée qu'une belle vue
À faire chavirer le cœur sans malentendu

La tour de son château est en ruine
La terre des fondations se débine
C'est le délabrement
D'un château branlant

Mais le petit prince espère toujours
Que les gens des alentours
Le reconstruiront un jour
Et que leurs enfants l'entretiendront tour à tour

Petit prince tu rêves encore
Sais-tu que la restauration se paie au prix fort
Sais-tu que maintenant pour le restaurer
Il ne suffit pas de l'aimer, il faut être fortuné

La vie est charmante

Dans le vallon de mon enfance
Quand tombe la nuit
Il n'y a plus de bruit,
Les sentiers sont remplis d'espérance

De l'aube à l'aurore
Le jour se lève sur la prairie
Pour saluer la douce vie,
Les oiseaux sifflent plus fort,

La rosée brille sur le chemin
Au bord se profilent des délices,
Apparaît la couleur des calices
Des fleurs s'ouvrent au petit matin.

Les voilà qui butinent
Posées sur leur petit cœur,
Les abeilles s'occupent des fleurs
En se moquant des épines.

Au bord de la clairière
Dans cette grande ouverture
La beauté d'un pont de verdure
Fait disparaître la rivière.

Dans mon vallon enchanté,
Au pays de l'eau vive
Mon âme est captive
Sous le soleil de l'été.

C'est calme et reposant

Tout l'ensemble murmure,
Tout chante dans la nature
Doucement avec passion
Calmement écoutons

Le murmure enchanteur
Qui laisse rêveur,
Laissons-nous bercer
Par le vent de l'été

Faisons quelques pas
Pour voir ce qui se passe là-bas
Laissons s'émerveiller nos yeux
Pour être plus heureux

Marchons dans les roseaux
Écoutons les oiseaux,
Laissons les fleurs
Fuyons la chaleur

Partons pour l'orée du bois
À petits pas comme autrefois,
La main dans la main
Pour faire chanter les lendemains

Il suffit d'un peu de mousse
Pour que la vie soit plus douce
De trois fois rien
Pour trouver surprenant le chemin.

Dans un endroit ensoleillé

Un petit sentier étroit
Serpente dans la forêt,
Depuis bien longtemps je crois
Qu'il a des secrets

On ne sait pas tout de lui
Qui l'a pris pour la première fois
Mais, le soir la lune luit
Comme autrefois

Quand revient l'aurore
Le petit chemin se réveille,
Le renard dort encore
Et rêve dans son sommeil

Ce petit chemin n'est pas ordinaire
Il a un je ne sais quoi
Quelque chose d'extraordinaire
Qui met le doute parfois,

Il enchante
Par sa beauté
Les oiseaux y chantent
Et vivent en liberté,

Au bord de ce chemin
Un peu mystérieux
Se retrouvent de bon matin
Les gens heureux

C'est merveilleux

Dans la vallée coule un ruisseau
Où vont boire les troupeaux
Ils étanchent leur soif
Quand la bise les assoiffe,

Il y a une petite mare dans les roseaux
Où vont s'enivrer les oiseaux
Ce petit coin est merveilleux
Et cela se voit dans leurs yeux

Parfois ils chantent la liberté
C'est leur façon de commencer la journée,
Dans la vallée aux fleurs
C'est toujours le bonheur

Là où il y a de la fantaisie
La vie est toujours embellie,
Un éternel recommencement
Vous fait vivre un nouveau printemps

Il y a dans l'air comme le murmure
D'une voix douce qui rassure
De cascade en cascade
Un merle célèbre l'aubade,

Laissez aller votre cœur
Dans la vallée aux fleurs
Coule un petit ruisseau
Où vont s'enivrer les oiseaux

Dans la vie

Douceur et mélancolie
Sont signes de vie,
Les beaux paysages
N'ont pas de nuage

C'est la chanson
Des quatre saisons,
C'est le vent qui s'endort
Et se réveille plus fort,

C'est merveilleux
Dans la vie à deux
Douceur
Rime avec bonheur,

Un petit sourire
Se range dans les souvenirs
Les plus belles histoires
Se gardent dans la mémoire,

Va et vient perpétuels
Quoi de plus naturel
La fraîcheur du premier baiser
Vous marque pour l'éternité,

Douceur et mélancolie
Sont signes de vie
Les reflets d'un joli bouquet
C'est d'aimer et d'être aimé en secret

Dans le temps

Dans la pénombre du soir
Les anciens vivaient remplis d'espoir
Mais leur drôle de vie
Était éclairée par une bougie,

Une flamme tremblotante dans le noir
C'était pour eux comme une lueur d'espoir
C'était tout ce qu'ils avaient trouvé
Pour pouvoir s'éclairer

La flamme le soir à la veillée
Un courant d'air la faisait danser
Grand-père plaçait sa main devant
Pour ne pas qu'elle s'éteigne et apeure les enfants,

Dès qu'elle s'éteignait
Très vite on la rallumait
En craquant une allumette,
On recherchait le casse-noisettes

C'était un grand moment de convivialité
Qui se diffusait le soir à la veillée,
Éclairé par une bougie
Dans la nuit ils renaissaient à la vie

On ne distinguait presque rien
Mais, qu'est-ce qu'on se sentait bien
Fermez les yeux imaginez,
Vous n'avez qu'une bougie pour vous éclairer

Elle avait un doux regard

Elle était belle
La fille du printemps
C'était une hirondelle
Qui volait dans le vent,

Elle avait un charme certain
Et ses yeux étaient bien trop mignons,
Elle avait de jolies mains
Et des cheveux blonds

La fille du printemps
Portait une robe légère
Qui flottait dans le vent
Mais, ce n'était pas une bergère

Elle avait du rouge sur les ongles
Ses yeux étaient maquillés
Et sa bouche en était le comble,
Elle donnait envie de l'embrasser

La fille du printemps
Se moquait de la pluie
Elle se jouait du vent
Et n'avait pas peur de la nuit,

Elle parlait de tout et de rien
De la joie qu'elle éprouvait
Au bord de ce chemin
Quand un garçon lui disait qu'il l'aimait

Loin d'être déplaisant

Avec tout ce qu'il y a de beau,
À force d'écouter les oiseaux
Dans la plaine lointaine
Où la vie est incertaine,

Un chien aboie au loin
La vie suit son chemin,
Voici autrefois
Voici le petit bois

La froideur de la bise
Quand le bonheur s'amenuise
Un peu de vague à l'âme
Quand disparaît le charme.

Bordée de fougères
Voici la rivière
À fleur de pente
Doucement elle serpente,

Les yeux s'émerveillent
Les sens se réveillent,
Voici la vallée
Aux coteaux ensoleillés

Voici de belles fleurs
Pour tisser ton bonheur,
Voici un petit coin de ciel bleu
Pour te rendre plus heureux

Je ne connais rien de lui

Un petit personnage
Venu d'un autre âge
Me parlait des nuages
Et des oiseaux sauvages,

Avec un naturel
Qui frisait le surnaturel,
Était-il d'ici ou d'ailleurs
Ce petit homme au grand cœur,

Il me parlait de ses aventures
De ce qu'il ferait dans le futur
Avec un accent que je ne connaissais pas
Il marchait d'un drôle de pas,

Était-il d'ici ou d'ailleurs
Ce petit homme au grand cœur,
Je ne l'ai jamais su
Car il a très vite disparu

Mais dans la conversation
Il avait de bonnes intentions
C'est sûr, il n'a jamais souri
Ni parlé de ce qu'il faisait dans la vie,

Était-il d'ici ou d'ailleurs
Ce petit homme au grand cœur
Qu'importe, je m'en souviendrai toujours
Et j'espère bien le revoir un jour

Je vous dis,

Ce n'est pas Paris
Mais il est beau mon pays
Avec ses maisons
Le soleil et ses rayons,

Ses petits chemins
Qui embellissent le destin
Avec toute cette ribambelle de prés
Et de murgers,

Au printemps
On reçoit les douceurs du vent,
L'été
Fleurit toute la vallée,

En automne
Les feuilles frissonnent
En hiver
La neige recouvre la terre

Ce n'est pas Paris
Mais il est beau mon pays
C'est un endroit charmant
Où l'on crie vive le vent

Vive la vie
Avec les amis
Les papillons de la jeunesse
Et un peu de tendresse

Mais qui êtes-vous ?

Je suis la petite lumière
Qui tendrement vous éclaire
Dans les coins et les recoins
Je le sais, je peux le plus ou le moins

Pour vous faire réagir
Ou pour vous faire languir,
Je peux être le jour la nuit
Je peux vous surprendre sans bruit

Avec l'agilité du guépard
Ou vous fustiger d'un regard,
Vous avez peur je le sens
Avec une grande émotion, je le ressens

Je suis la petite lumière
Qui tendrement vous éclaire
Dans les coins et les recoins
Je le sais, je peux le plus ou le moins

Je peux mettre en valeur les ombres
Ou éclairer les coins sombres
Et faire en sorte que vos yeux
Ne voient que le merveilleux

Ou qu'une sensation de frémissement
Vous envahisse doucement,
Pour vous faire grelotter de froid
Pour mieux vous attirer contre moi

Dans mon petit pays

Sans contradiction
Mon cœur vit de fictions,
De petits bonheurs
Qui pour moi ont une grande valeur

Ils me donnent entière satisfaction
Et ils ont raison,
Ils me font voir des choses
Égales ou supérieures à la beauté des roses,

Un soupçon de générosité
Vient m'effleurer
Quand un paysage enchanté
Agréablement me fait rêver

Et doucement imaginer
La beauté d'un été
En compagnie de la nature
Se ralentit l'allure

À la campagne,
Pas de châteaux d'Espagne
Mais le vent à juste raison
Nous berce de tendres illusions

Et nous allons en rêvant
Cueillir les petites fleurs des champs
En prenant tout notre temps
Comme si on était encore des enfants

A toutes les fleurs

Petites fleurs aux merveilleuses couleurs
Petites fleurs, je vous offre mon cœur
Toutes mes peines toutes mes joies
Vous avez su mettre mon cœur en émoi

Avec vous il a connu tant de douceurs
Qu'un grand bonheur en moi s'est installé,
J'ai oublié mes peines et toutes mes peurs
Quand j'ai dormi auprès de vous un soir d'été

Mon Dieu que la nuit était douce
Étendu couché sur un lit de mousse
Avec madame la lune pour témoin
J'ai attendu qu'arrive le lendemain,

Doucement le jour s'est levé
Et j'étais auprès de vous jolies fleurs de l'été
Petites fleurs aux merveilleuses couleurs
À vous et votre élégance, j'offre mon cœur

Vous êtes de belles princesses
Remplies d'amour et de tendresse,
Vous êtes la beauté du jour
Vous êtes toutes remplies d'amour

À vous les petites fleurs
Pour toujours, je vous donne mon cœur
Prenez mes joies mes peines
Je suis à vous, quoi qu'il advienne

J'ai envie de vous faire rêver

Je vous l'avais bien dit,
Je vais vous emporter loin d'ici
Pour chasser votre anxiété
Pour vous faire respirer

L'air pur et exaltant
Des îles sous le vent,
Voir de merveilleux paysages
Goûter au plaisir du sable chaud des plages

Et prendre un bain de soleil
Entouré de merveilles,
Toucher des étoiles de mer
Pour vous faire oublier vos repères

Je vous l'avais bien dit
Je vous emmène loin d'ici
Au pays des mille et une merveilles,
Au pays où brille toujours le soleil

Là où les fleurs sont gigantesques
Où la lune est romanesque,
Votre corps tout entier va renaître
Et vous connaîtrez ce bien-être,

Là-bas aux îles sous le vent
Tout devient inlassablement charmant,
Je vous l'avais bien dit
Venez je vous emmène au paradis

Autour du château

La grâce est particulière,
Dans les allées régulières
D'un jardin extraordinaire
Tout est fait pour vous plaire,

Les roses s'y épanouissent
Entre elles des mots se glissent
Elles parlent de la pluie, du beau temps
Que plus rien ne sera comme avant,

C'est une fée
Qui vient avec brio les arroser
Elle s'occupe des arceaux de roses
Et de beaucoup d'autres choses,

C'est une fée jardinière
Qui s'occupe des roses trémières
Elle taille les buis
Et le millepertuis,

Les oiseaux sifflent gaiement
Une cloche sonne de temps en temps
Le jardin est vivant
Il dégage un parfum puissant,

Nulle part ailleurs
Vous ne verrez autant de couleurs,
De tons élaborés
Pour vous faire rêver

Tout dort puis tout s'éveille

Tout sommeille
Mais, un jour tout s'éveillera
Tout reviendra comme avant
Comme dans l'ancien temps,

Ce n'est qu'un contretemps
Qui s'accentue avec le vent,
Ce n'est qu'un peu de malchance
Qui provoque de la nonchalance

Ce n'est qu'une triste histoire
Qui resurgit de la mémoire
En faisant des remous
Mais, dites-moi que voulez-vous ?

Tout sommeille
Mais, un jour tout s'éveillera
De mille feux le soleil brillera
Et vos yeux seront en éveil

Sous la voûte des cieux
On entendra un chant mélodieux
Une pluie d'étoiles tombera
Quand tu te réveilleras

Finira le déclin, viendra la pente ascendante
Et la vie ne sera plus menaçante
Elle se vivra à cent à l'heure
Et tu glaneras de petits bonheurs

L'imagination

J'ai de la suite dans mes pensées,
À la morne saison
Mon cœur se met à palpiter
Pour une chanson

Ou des petits riens
Que le vent m'apporte,
Je me sens bien
Mais il ouvre ma porte

Quelle drôle d'histoire
Il prend un malin plaisir
À fouiller dans mes tiroirs
Et emporte les souvenirs

Les plus chers à mon cœur,
C'est un vent déplaisant
Que je traite ici de voleur
De souvenirs captivants

Je crois qu'il a réussi
Les tiroirs sont vidés
Le tableau s'est noirci
J'ai tout oublié

Avec lui tout s'est envolé
Éparpillé dans le ciel
Ma vue par des pleurs est brouillée
En attendant de nouvelles idées

Cela se passe en hiver

La fauvette d'hiver
S'était emparée de mon quartier,
Elle se trouvait près des maisons
Et par intermittence, on entendait sa chanson

La neige recouvrait la vallée toute entière
L'eau avait gelé à la surface de la rivière
Le froid venait de s'installer
Les enfants attendaient Noël qui allait arriver,

Les arbres défeuillés semblaient dormir
Tendant leurs branches noires comme s'ils allaient mourir,
Dans les buissons épineux le calme était revenu
Le murmure que l'on entendait avant avait disparu

Pour laisser flotter dans l'espace
Comme une dernière menace,
Dans l'air ambiant tombaient des flocons
La couche de neige s'épaississait sur le toit des maisons

La vallée semblait pour l'instant endormie
Et le village sans aucun bruit n'avait plus de vie
Un froid vif régnait sur la plaine
Et le vent cruel courait sans gêne

La fauvette d'hiver
Quémandait pour vivre le nécessaire
Elle venait dans ma main,
Pour manger quelques grains de blé

En toute quiétude

Si je laissais parler mon cœur
Ferait-il votre bonheur,
Vous laisseriez-vous emporter
Dans les allées de mon jardin

Je sais, j'ai peu de choses
Mais qu'elles sont belles mes roses
N'en doutez point,
J'ai du romarin

De la sarriette des violettes
Du thym du serpolet
Vous avez de la chance
Mon jardin sent la Provence,

Il a le soleil des Sables-d'Olonne
Et les petites fleurs de la Bourgogne,
C'est un jardin qui a tout pour plaire
C'est un jardin extraordinaire

Pour vous le rossignol chantera
Dès qu'il vous apercevra,
Il fera ses vocalises
Les plus douces les plus exquises

Nous jouerons à la marchande
J'ai de la lavande
Nous jouerons à la marelle
Et nous irons au ciel

La transition des saisons

Le paysage était terne décoloré
L'automne venait tout juste de nous quitter,
Les arbres n'avaient plus de feuilles
Où donc allait se cacher le petit écureuil,

Il régnait sur ma vallée un silence forcé
Seul un petit murmure d'activités
Se faisait entendre dans cette immensité
Où tout se faisait rapidement oublier,

Tout mouvement semblait s'assagir
L'automne si beau venait de mourir,
Une à une les feuilles des arbres étaient tombées
Un vent malin les avait poussées de tous côtés,

Il avait mêlé le grave à l'aigu
Et tout subitement avait disparu,
Le paysage était terne décoloré
L'automne venait tout juste de nous quitter

La saison attendait la transition
Qui ne se fait qu'au cours des saisons,
Elle attendait cette faculté naturelle
Pour reprendre son murmure perpétuel,

Quand le vent commença de souffler
La neige brusquement se mit à tomber
Et plongea la vallée dans un blanc immaculé
La saison venait soudain de basculer

Un jour tu as eu vingt ans

Toi qui as des cheveux blancs,
Te souviens-tu ?
Un jour tu as eu vingt ans
Que faisais-tu ?

Qu'as-tu fait de ta jeunesse
De toutes ces années de liesse,
De cette part d'insouciance
Qui te rappelle ta tendre enfance

Toi qui as des cheveux blancs,
Te souviens-tu de tes vingt ans,
De cette force qui t'habitait
De cette fille qui t'aimait,

Toi qui as des cheveux blancs
Toi qui restes assis maintenant,
Que faisais-tu quand tu avais vingt ans
Souviens-toi, tu t'en allais chantant

Rien ne te barrait la route
La certitude chassait tes doutes
Tes pas n'étaient pas comptés
L'amour venait doucement te réveiller

Souviens-toi un jour tu as eu vingt ans
Que faisais-tu simplement pour passer le temps,
Quand une grande insouciance emplissait ton cœur
Souviens-toi, quand tu avais vingt ans c'était le bonheur

Viens doucement

Flânons encore un peu,
Si tu le veux
Marchons dans les fougères
Suivons le lit de la rivière,

De cascade en cascade
Des oiseaux nous donnent l'aubade
Puis on arrive à l'orée de la forêt
Ou se trouvent du vert du blanc du violet,

Des fleurs de toutes les couleurs,
Sont des messagères du bonheur.
Dans un rayon de soleil
S'aperçoivent de petites merveilles

Dans ce monde provisoire
Tout devient vite aléatoire,
On entend une petite musique
Et l'endroit devient féerique,

Un chardonneret élégant
S'égosille dans le vent
Ainsi passe le temps
Dans cet endroit surprenant,

La vie devient vite salutaire
On entend une petite musique dans l'air
On reste, on flâne encore un peu
Dans ce monde incertain mais merveilleux

Voudrais-tu me prêter ton ombre

J'ai besoin de m'évader,
Me prêterais-tu ton ombre
Pour que je passe inaperçu
Que je sois l'inconnu qui traverse avec toi la rue

Pour que je sois à tes côtés
Sans que l'on puisse nous séparer,
Me prêterais-tu ton ombre
Je te le demanderai jusqu'à ce que tu succombes,

Je veux marcher dans tes pas
Je veux aller où tu iras,
Me réjouir avec toi
De la tendresse que tu avais pour moi autrefois

Le temps et les heures
Faisaient plus que notre bonheur,
J'étais l'ombre de toi-même
Je le sais maintenant, plus fort qu'hier je t'aime

Voudrais-tu me prêter ton ombre
Pour que ma vie soit moins sombre
Ô je t'en supplie réponds oui
Et je te suivrai pas à pas tout au long de ta vie,

Prête-moi ton ombre
J'aurai le visage moins sombre
À tes côtés pour l'éternité
Nous serons liés et personne ne pourra nous dissocier

Il est heureux entouré de coquelicots

Il reste là, sans dire un mot
Dans le jardin où poussent des coquelicots
Il est tout étonné
Du charme, de la beauté

Réalisé par des couleurs
Émerveillant son cœur,
Il reste là, bouche bée
Devant l'apparence d'un bel été

Du rouge, du noir
Provoque en lui comme un espoir
Sur eux ses yeux s'attardent
Avec un brin d'amour, il les regarde

D'un regard attendri.
Puis il se dit :
Que les coquelicots sont jolis
Quand ils sont à peine épanouis,

Leur teinte est d'une rareté
Qu'il ne peut pas oublier,
Leurs reflets
Ont chargé sa mémoire de tendres regrets

Car il sait que les coquelicots sont éphémères
En peu de temps leurs pétales couvriront la terre
Pour lui ce sera un grand malheur
Quand les coquelicots disparaîtront en quelques heures

Le cœur et la fleur

Un petit cœur
Avait adopté une jolie fleur
Ils vivaient dans une grande complicité,
Les instants d'une charmante amitié

Qu'il pleuve ou qu'il vente
Régnait toujours une bonne entente
Cela va sans dire
Il y avait de grands sourires

Ah tous les deux
Comme ils étaient heureux
Ils se couvraient de baisers
Lui aimait extrapoler

Il pensait un jour changer de vie
Et partir tous les deux en Italie
Lui voulait changer de coutumes
Avant de partir s'acheter un autre costume

Mais, la petite fleur préférait rester dans son jardinet
Pour y contempler les roses et leurs reflets
Cette fille douce et gentille
Voulait rester tout près de sa famille

Ils ne sont jamais partis en Italie
En Franche-comté ils sont restés toute leur vie
Leur vie est faite de soleil et de nuages
La petite fleur a su tourner les choses à son avantage

J'en ai pleuré

Je t'attendais
Un jour de mai
Je t'attendais mais,
Tu n'es jamais venue

J'étais parti
Avec le sourire,
Je suis revenu
En pleurant

De ne pas t'avoir vue
De ne pas avoir pu
Te dire des mots doux
À notre rendez-vous

Je voulais te serrer dans mes bras
Mais, tu n'y étais pas
J'avais tant de choses à te dire
En contemplant ton joli sourire

Je voulais te couvrir de baisers,
Il me semblait que tout pouvait recommencer
Mais, tu n'es pas venue
Au rendez-vous de la dernière chance

Tu as brillé par ton absence
Tu as brisé mon cœur d'adolescent
Puisque c'est fini nous deux
Ô mon tendre amour, adieu…

Dans son doux regard

J'ai vu
Briller dans ses yeux
Une étincelle
Et puis

J'ai vu le feu
Celui de l'amour
Qui disait
Que l'on

S'aimerait
Un jour
Ou peut-être
Un soir,

J'ai vu
Briller
Dans ses yeux
Une lueur

D'espoir
Qui me fit
Entrevoir
De beaux jours,

J'ai vu
Dans ses yeux
Qu'elle voulait
Me parler d'amour

Rien que pour toi

J'aurais voulu
Sans amertume
Mais je n'ai pas pu
T'offrir la lune

J'aurais voulu
Te dire des choses
Mais je n'ai pas su
Te parler des roses

De ce bonheur
Éperdu
Au fond de mon cœur
Tout ému,

J'aurais voulu
Un jour
Te donner un aperçu
De mon amour

J'aurais voulu
Te dire je t'aime
Mais tu n'as
Pas lu mon poème

J'aurais voulu
Mais, tu n'étais pas là
Tu m'as déçu,
Je t'attendais là-bas…

Aimer c'est remplir son cœur de tendresse

Aimer c'est savoir attendre,
Pouvoir se parler et se comprendre,
Se dire des mots doux
Avoir des regards un peu fous,

C'est vivre une grande aventure
En se projetant dans le futur,
La main dans la main
Ah qu'ils sont beaux les lendemains

Aimer c'est savoir dire merci
Aux petits bonheurs que vous apporte la vie
Sans se soucier du qu'en dira-t-on
Aimer d'une douce façon

La vie n'est pas éternelle
Mais aimer devient tout naturel,
Ne compliquez pas les choses
Le bonheur se cache peut-être dans une rose

Alors vivez sous un charme gracieux
Le rêve des gens audacieux
Laissez aller votre imagination
Elle vous fera entendre une agréable chanson

Au lointain s'en ira le dédain
Pour une autre vie soudain
Vous saurez ce que veut dire aimer
Quand le plaisir viendra vous combler

Dis-moi,

C'était comment avant,
C'était charmant
Un petit air de musique
Et tout devenait féerique

C'était comment avant
Le travail dans les champs,
Il fallait beaucoup de bras
On n'avançait que pas à pas

C'était comment avant
Quand tu n'étais qu'un enfant,
Il y avait des chevaux
Et une multitude d'oiseaux

C'était comment avant
Quand tu avais encore tes parents,
On vivait au jour le jour
Mais il y avait beaucoup d'amour

C'était comment avant
Envers maintenant,
On écrivait beaucoup
On n'avait pas le portable rivé au cou

C'était comment avant,
C'était charmant
Nos jeux notre vie
Se partageaient entre amis

La balade de l'Engoulevent

Dans la vallée profonde
Que le soleil inonde
De ses rayons de lumière
Aujourd'hui comme hier

La nature est en beauté
Le jour vient de se lever
Les feuilles frissonnent au vent
Je vais m'envoler se dit l'Engoulevent

Et il s'en va visiter la vallée
D'un vol léger
Pour mieux contempler
Les bosses, les creux et les prés

Ah se dit il : c'est merveilleux
Tout là-haut
Je suis heureux
Il me semble être le plus beau des oiseaux

Le ciel est sans nuage
Le vent tourne à mon avantage
La prairie est fleurie
Partout, je vois circuler la vie

J'entends les abeilles qui bourdonnent
Pendant que des renardeaux s'étonnent
Moi je me balade dans le ciel
Et les yeux grand ouverts je m'émerveille

Le sais-tu

À l'égard d'une petite fleur
Les yeux se remplissent de bonheur
La pensée s'égare
Il n'est pas trop tard

Pour t'évader
Avec les petites fleurs des prés
Toute la campagne s'ouvre à toi
Crois-moi,

Il faut que tu en profites
Viens avec moi je t'invite
Prenons le petit chemin
Qui changera ton destin

Tu oublieras ton errance
Tu goûteras à la chance,
Au bonheur
D'être au milieu des fleurs

Rempli d'une infinie douceur
Qui entre par la porte de ton cœur
Ton esprit s'évadera
Quand le rossignol chantera,

Tu diras que la vie est belle
Dans cette nature intemporelle
Je vois la vie autrement
De venir plus souvent, j'en fais le serment

C'est beau l'enfance

Dans la vallée des jours heureux
Les enfants sont joyeux
Sans souci du lendemain
Ils pensent aux jeux de demain

Ils ont dans les yeux
Du bonheur, ils ne sont pas malheureux
Ils vivent d'aventures
Qu'ils partagent dans la nature.

Ils ne boudent pas la convoitise
Pour satisfaire leur gourmandise
Ils se font une gloire
De vivre une charmante histoire

Pour eux ce n'est que du bonheur
D'ouvrir la porte d'un jardin de fleurs,
Tout autant qu'ils sont
Ils courent en chantant des chansons

Dans la vallée des jours heureux
Pour eux le ciel est toujours bleu
Rien non rien ne vient ternir leur joie de vivre
Ils ne boivent pas, pourtant parfois ils sont ivres

Ivres de joies et de passion
En regardant tendrement l'horizon
Le vent, les fleurs bercent leur cœur
Et leur jeunesse s'accompagne d'une infinie douceur

Pour me détendre

Dans la vallée
J'aime écouter
Les oiseaux
Quand il fait beau,

Le ciel est bleu
Je suis heureux
J'écoute leur petit cri,
Leur romance remplie de vie,

Depuis tout petit
Ces oiseaux vivent ici
Ils ont le cœur enjoué
Ils aiment chanter

Un soupçon de liberté divine
Se profile sur la colline
Leur poésie est sans égale,
Mon esprit se régale,

Au milieu des oiseaux
Tout est nouveau
Pour celui qui sait écouter
Les petits oiseaux chanter,

Une douce mélodie
Entre dans ma vie
Le vent berce leur chant
Et je retrouve mon cœur d'enfant

Sans presser le pas

Votre vie sera plus jolie
Si vous allez près des buissons fleuris,
Écoutez chanter la vie
Dans ce petit paradis

Ça chante et ça rit
Ça joue la comédie
Sur chaque branche
C'est comme un dimanche

Les oiseaux font leur nid
En attendant d'avoir des petits
Ils sont tout joyeux
Leurs cris montent dans le ciel bleu

Allez, pour une fois
Écouter la chanson des prés et des bois
Pour mieux vous délasser
Allez les entendre chanter

Tout en respirant l'air pur
Vous serez plus détendu, je vous l'assure
Votre sang ne fera qu'un tour
Vous serez conquis pour toujours

Et vous reviendrez dans ce petit paradis
Dans cette nature farcie de vie
Vous serez à l'écoute
Et vous oublierez vos doutes

L'hiver est revenu

Dame nature vient de s'endormir
L'automne n'est plus qu'un souvenir
Hier les feuilles au vent s'envolaient
Le jardinier de son râteau les rassemblait

Mais l'automne a disparu
Et l'hiver soudainement est revenu
La neige est tombée
Sur toute la vallée

Tous les éléments sont réunis
Elle forme un étonnant tapis
D'une blancheur immaculée
Comme une robe de mariée,

On a dit : adieu à l'automne,
Dans le ciel les flocons tourbillonnent
De-ci, de-là ils viennent se poser
Rapidement la froidure s'est installée

Les oiseaux ne chantent plus
On dirait qu'ils ont disparu
Avec l'automne
Mais, l'hiver est loin d'être monotone

Les enfants sont joyeux
Le bonhomme de neige sourit, il est heureux
Les cheminées fument,
Dans le ciel se dessine madame la lune

Avec regrets

Au bord de la rivière
J'ai laissé mes joies d'hier
Je me souviens du chant des oiseaux
Au bord de l'eau,

De l'école buissonnière
Qui prenait le dessus sur ma vie écolière,
Au temps où je me laissais envahir
Par la nature et ses plaisirs

La vie était belle
Les enfants marchaient en ribambelle
Pour vivre l'espoir
Et s'habiller de gloire

Les gosses de mon âge
Ont connu des avantages,
La nature les a bercés
Parmi les bois et les prés

Pour mieux faire apprécier ses douceurs,
La nature a conquis leur petit cœur
En les rendant attentifs,
Ils sont tous devenus admiratifs

Le temps est passé,
Leurs jeunes années se sont perdues dans la vallée
En ce temps-là la vie n'était pas compliquée
Il suffisait de la vivre pour l'aimer

Souvenirs des temps anciens

Je retourne dans le passé
Pour revenir au temps des années écoulées
Les chevaux faisaient leur picotin dans les près
Quand le paysan venait les chercher

On les entendait hennir de plaisir
Mais ce temps-là n'est plus qu'un souvenir
Cela a existé, il y a bien longtemps
Quand je n'étais qu'un enfant

La vie allait au pas du cheval
Il n'y avait rien de plus normal
Que de prendre son temps
Pour profiter de jolis contretemps

La vie d'hier avait tout pour plaire
Même si on n'avait que le strict nécessaire
On vivait d'enchantements,
Des petits bonheurs que nous apportait le vent,

Le rythme des chansons
N'était pas celui du madison
Pas non plus celui du rock'n'roll
Revenir en arrière serait drôle

Il y a bien des années
Les petits chemins étaient animés
On ne coupait le foin qu'une fois par an
Ensuite c'était les regains ; quand j'étais enfant

Les chevaux Comtois

Quand je pense à la vie d'autrefois
Mon cœur est triste parfois
Quand je revois le cheval comtois
Mon cœur connaît l'émoi

Il y a bien des années
On les voyait attelés
Dans nos vertes campagnes
Ce sont eux qui déplaçaient des montagnes

Ou ils étaient en pâture,
Entourés d'un doux murmure
Attendant que l'on vienne les chercher
Pour les faire travailler

Ils étaient dociles
Ils étaient la force tranquille
Ce sont eux qui débardaient le bois
Par les chemins, je les revois

De bon matin
Ce sont eux qui emmenaient le blé au moulin
Ce sont eux qui tiraient la charrue
Mais que sont-ils devenus

Ces bêtes de force
Ont vécu des choses atroces
Quand le tracteur est arrivé,
C'est le progrès qui les as tuées

Assis près de la cheminée

Comme on est bien au coin du feu
Les flammes dansent,
C'est mystérieux
Comme des apparences,

Le feu s'en va dévorant
Rougissant, le tison qui l'attise
Mais ne laisse pas indifférent
Celui ou celle que la vie attriste,

Les flammes ondulent
Elles bleuissent
Elles rougissent
Comme un enchantement,

Les flammes montent
Et grandissent
Le temps d'une rencontre
Puis elles s'assagissent,

Le feu semble dormir,
Tout doucement s'éteindre
Comme un sourire
Que rien ne peut atteindre,

En ajoutant
Un morceau de bois
Voyez-vous, il repart maintenant
Le voici pétillant comme autrefois

Je vous adore

J'aime les fleurs
C'est mon bonheur,
C'est ma façon à moi
D'être heureux tu vois

Je les aime toutes
Sans aucun doute
La vie m'a appris
Qu'une petite fleur sourit

À celui qui la regarde
Quand sur elle des yeux s'attardent
Elle enchante
Elle s'appelle Amarante

C'est une belle fleur,
Une tendre douceur
Elle est belle à croquer
Un jour je l'ai embrassée,

Elle a frissonné
Ce devait être son premier baiser
Ses pétales de velours étaient remplis d'amour,
Un immense bonheur à vu le jour

Dès ce matin-là, entre nous deux
L'amour n'était plus un jeu
C'était la réalité
L'amour d'un homme pour une fleur des prés

Avec un grand plaisir

Je me souviens
Des jours anciens
Des amours d'antan
Et de leurs agréables serments

Dans ce temps-là,
La vie était belle en suivant tes pas
Elle n'était que tendresse
C'était ainsi dans ma tendre jeunesse,

Le temps des amours
Me paraissait trop court,
Par les chemins nous avons voyagé
Dans le lointain s'envolaient nos baisers

Les filles étaient douces et gentilles
On chantait sombreros et mantilles,
Sur le chemin de nos amours
Se vivaient des beaux jours.

Puis un jour apparut le bonheur
Dans le cœur d'une charmante fleur
S'était cachée, la chaleur de tout un été
Dans mon cœur je l'ai gardée

Ce souvenir de jeunesse
M'apporte encore la liesse
Malgré mon âge avancé
Je me souviens de ce premier baiser

C'est fabuleux

Dans les bras d'une fille
La vie est belle,
Elle se fait toute gentille
Quand elle est celle

Qui charme mon cœur
Je vis à cent à l'heure
Les petits bonheurs
Que m'offre son jardin de fleurs,

Elle est toute mignonne
Dans mes bras
Elle s'abandonne
Dans la vie, elle est comme ça

Toute jolie
Toute câline, depuis qu'elle est mon amie
Tous les deux on est heureux
Quand on se regarde dans les yeux

C'est comme dans un miroir
Une sorte de communion
Vient embellir notre histoire
Pour un oui pour un non,

Notre ciel est sans nuage
Notre vie est un grand partage
Et l'on passe par la grande porte
Quand l'amour nous unit, il nous emporte…

Cela me surprend quand

La vie me rappelle
Qu'elle n'est pas éternelle
Que le temps passe et court
En se moquant de nos amours.

Les recherches sont vaines
Du bateau, il ne reste que la misaine
Les marins sont emportés par les flots
Ainsi meurent les matelots.

La vie parfois est triste
Quand elle dit : salut l'artiste,
La mort est passée par là
L'homme courbe l'échine et accélère le pas.

La vie me rappelle
Qu'elle n'est pas éternelle
Quoi que l'on fasse
Inlassablement, la vie passe

Ainsi tombent dans l'oubli
Les charmants instants de la vie,
Quand s'envolent les serments
La vie nous raconte des boniments

Elle nous dit : aie confiance
Mais elle nous vole notre enfance
La vie fait un détour,
Pour nous dire : c'est à chacun son tour

On dit : mes tendres années

C'est beau la jeunesse,
Elle laisse des cicatrices de tendresse
Elle se promène dans les rues
Et parle à des inconnus,

Elle est sans limite
Depuis qu'elle existe
La jeunesse est tout feu tout flamme
Jusqu'au fond de son âme,

Elle a un sentiment d'invincibilité
Dans ses nombreuses activités,
Elle tient toujours ses promesses
Et les accompagne d'une bonté manifeste,

C'est beau la jeunesse
C'est fait d'amour et de liesse,
D'un brin d'insouciance
Ancré en nous depuis l'enfance

C'est une petite musique
Où tout mouvement devient poétique
Quand on est jeune, la vie n'est pas compliquée
Il suffit de vivre et d'aimer.

La jeunesse ne connaît pas l'ennui
Elle s'endort bien après minuit
Les yeux remplis de merveilleuses aventures
La tête tournée vers les instants futurs

C'est du plaisir

Le ciel est bleu
Que coulent les jours heureux
Que viennent les lutins
Dans mon jardin

Sous la tonnelle de vigne vierge
J'ai brûlé un cierge
Pour que viennent les pinsons,
Que les oiseaux chantent la chanson

Qui berce mon cœur
Pour que pénètre en moi la tendresse et ses douceurs,
Les allées sont bordées de fleurs
Au mignon petit cœur,

Pour que les fleurettes puissent s'épanouir
En me laissant de tendres souvenirs
Pour égayer ma vie les jours d'hiver
Quand il n'y a rien à faire,

J'ai semé du sensationnel,
Des beautés immortelles
Qui attirent les yeux
Et font que les gens soient plus heureux

Ah qu'il est en beauté, mon jardin
Couvert de perles de rosée
Quand un rayon de soleil
Fait apparaître des merveilles

Le bonheur s'emparait de moi

Sur le chemin des écoliers
J'ai usé mes beaux souliers,
Heureux d'aller à l'école
En dansant la farandole

C'était le chemin du bonheur
Au bord de celui-ci, il y avait des fleurs
De-ci, de-là des papillons,
On entendait le chant des grillons

Les vaches buvaient l'eau des fontaines
Un grand silence régnait sur toute la plaine.
La mousse des arbres pousse au nord
Avais-je raison ou tort

Sur le chemin des écoliers
J'ai usé mes beaux souliers
J'ai appris bien des choses
Dans cette vie à l'eau de rose

Le temps passait doucement
Les copains étaient charmants
Le soleil nous réchauffait
Pendant que nous, on s'amusait

Sur le chemin des écoliers
J'aimerais y retourner
Dieu que la vie était belle
Quand on partait pour l'école, en ribambelle

Dans le verger

Au printemps,
Le soleil la pluie et le vent
Viennent changer l'horizon
Et puis la lumière entre dans les maisons,

Les vieux pommiers fleurissent encore
C'est la preuve qu'ils ne sont pas morts,
Ils nous offrent des pommes d'or
Quand la nature s'endort.

En automne,
Les feuilles tourbillonnent
Les branches des arbres sont encore chargées
De fruits charnus et colorés,

Nous avons bien de la chance
Qu'il déverse ainsi sa corne d'abondance,
Et nous donne des provisions pour passer l'hiver,
Quand le gel recouvre la terre,

Il n'y a plus d'âme qui vive
Plus un merle plus une grive
Ne chantent la romance
Qu'ils ont appris dans leur tendre enfance.

Quelque temps plus tard… voici que doucement
Comme par magie arrive le joli printemps
Et l'on voit dans le verger
Des fleurs multicolores sur les vieux pommiers

Les yeux remplis de charme

Tu me dis que dans la vie
Il y a de merveilleux paysages
Que dans l'endroit où tu vis
Le ciel n'a pas de nuage,

Que tu ne t'ennuies pas
Et qu'à chacun de tes pas
Correspond une découverte,
Que tu laisses la porte entrouverte

À des choses qui apportent le bonheur
Comme un dessin aux crayons de couleur
Ou qu'un charmant bouquet de roses
Pour toi peut changer bien des choses

Tu me dis qu'il y a dans tes pensées
Le bonheur dans son intégralité,
Que maintenant tu ne songes plus
Car un ami charmant est revenu

Que tu vis chaque jour avec lui
Une vie sans heurts sans bruit
Bien cachés dans la verte campagne
Dans un chalet accroché à la montagne,

Tu me dis que tu n'es plus malheureuse,
Qu'un homme charmant te rend heureuse
Que depuis cette mystérieuse rencontre
Ta vie est devenue éblouissante comme dans un conte

Là-haut sur la colline

Dans ma campagne j'ai trouvé
Un endroit pour me reposer
Il est calme et charmant,
Je vous le dis en passant

Je l'ai trouvé l'été dernier
Ce petit coin fleuri m'a étonné
De là, une superbe vue
J'aperçois mon village et ses rues

L'horizon est d'un bleu azur
Nulle par ailleurs il n'y a pas de couleur plus pure,
Quand je vais là-bas, mon cœur s'emballe
Le soir, j'entends la musique du petit bal

Les oiseaux sont mes amis
Autour de moi ils chantent,
Une vie bondée de tendresse
Et remplie d'une joie manifeste

Là-bas, mes amis si vous saviez
Comme je suis retiré du monde entier,
Ma pensée souvent vagabonde
Je n'ai plus envie de refaire le monde

Mais de vivre en ermite,
De bâtir un petit chalet au plus vite
Dans cet endroit calme et reposant
Pour être seul et écouter le vent

C'est à deux pas de chez nous

La vallée aux fleurs
Est parsemée de petits bonheurs
Que l'on découvre
Quand un esprit vagabond s'ouvre,

Toutes ces petites choses
Ressemblent étrangement à des roses,
Toutes ces petites fleurs
Emplissent le cœur d'un tendre bonheur,

Elles font quitter la détresse
Jusqu'à en oublier son adresse
En effet le petit chemin vous enchante,
Il vous emmène loin de la nonchalance

Tout doucement, le corps se libère
Dans vos yeux le charme opère
Le cœur plus léger, le visage est reposé
Comme s'il vivait le plus beau des étés,

Comme il fait bon se promener
Dans les petits sentiers,
Se balader sous les hautes futaies
Écouter attentivement le merle et les geais,

Dans cette vallée aux fleurs,
On oublie tous ses malheurs,
Le temps importe peu
Quand la vallée nous rend heureux

Quand je pense à vous

Campagne, de mes jeunes années
Longtemps vous m'avez bercé
Avec vous j'ai commencé d'apprendre la vie
Tout petit avec mes amis.

Nos promenades étaient innombrables
Notre bonheur était incomparable
Une étoile brillante nous guidait
Parfois, la lune nous ramenait.

Le long des chemins creux
Nous étions tout heureux
Ah qu'ils étaient beaux les étés,
Qu'elles étaient belles les balades dans les prés,

Avec cette bande de copains
Marchant dans la rosée du matin,
Avec une grande insouciance
Sans s'occuper de la tolérance

Pour agrandir notre collection
Nous attrapions des papillons,
Dans ce temps-là, on allait à pied
Marchant avec des souliers ferrés

On vivait nos tendres années
Les fleurs, les filles nous ont charmés
Les papillons se sont envolés
Et cette jeunesse est trop vite passée

Dans ce temps-là

Pour étancher notre soif
Nous buvions aux fontaines
La pancarte <<eau non potable>>
N'existait pas, quoi de plus normal,

L'eau qui en jaillissait avait bon goût
On ne voyait pas le mal partout,
Que voulez-vous, près des maisons
Il n'y avait pas de pollution

La vie valait la peine d'être vécue
Il y avait un copain à chaque coin de rue,
On faisait des clins d'œil aux filles,
On jouait avec les vieux à la manille

Ils nous racontaient des histoires
Que l'on avait du mal à croire
Mais du temps de nos parents
Nous allions à la messe et nous faisions serment,

La vie dans ce temps-là
Avançait à petits pas,
Nous étions des enfants
Qui écoutaient leurs parents,

On attendait le jeudi après-midi
Pour jouer entre amis,
Nous partions dans la nature
À pied vivre de nouvelles aventures

Le soleil, la pluie la chenille et l'escargot

La petite chenille
Avançait sous la charmille
Et le gros escargot
Se cachait sous un fagot,

C'était l'été
Le ciel était d'une telle clarté
Que la terre en était réchauffée
Dans son intégralité,

La chenille en était toute heureuse
On la voyait se recroqueviller
Pour encore mieux avancer,
Par cette journée ensoleillée

L'escargot faisait une drôle de tête,
Sa pensée n'était pas à la fête
Il faisait bien trop chaud
Avec ce soleil qui brillait tout là-haut,

Il aurait aimé que tombe la pluie
Lui n'aurait pas besoin de parapluie
Il serait dans son élément
Avec beaucoup d'eau et un peu de vent

Mais la chenille ne serait pas à son aise
Elle serait au bord du malaise
C'est pour cela qu'un jour il pleut, un autre il fait beau
Pour contenter la chenille et l'escargot

Jean qui rit, Jean qui pleure

Un jour tu pleures, un autre tu ris
La vie semble être une hypocrisie
Où les acteurs sont bien vivants
Même parfois trop exigeants

Ils demandent la pluie ou le beau temps
Ils ne sont jamais contents
Ils crient après la nuit après le vent
Je le sais, ils ne sont pas méchants

Mais ils sont toujours mécontents
Je vous le dis mes amis c'est navrant
S'ils voyaient la vie autrement
Je vous en fais ici le serment,

Ils seraient amplement plus heureux
Le bonheur resplendirait dans leurs yeux
Leur vie changerait de couleur
Elle passerait de la grisaille au bleu

Ils quitteraient cet enfer,
Ils retrouveraient certains de leurs repères
Perdus, oubliés pour finir étonnés
Par les remous de la société

Un jour tu pleures, un autre tu ris
Tu ne joues pas la comédie, c'est la vie
Tu ne peux pas être un autre que toi
Vu que tu vis toujours dans l'émoi

Dès le mois de mars

Chante le gai printemps,
Le coucou est arrivé
La belle saison a commencé
Elle séduit le cœur des enfants,

Des petits et des grands
On voit dans leurs yeux malicieux
Qu'ils sont heureux
Avec le soleil, la pluie et le vent,

L'herbe a reverdi dans la prairie,
Un rayon de soleil émerveille
Apparaissent des beautés sans pareilles
Dans les buissons fleuris,

Les oiseaux chantent à tue-tête
Dès la première lueur du jour
On entend des refrains d'amour,
Des airs qui mettent le cœur en fête

L'esprit s'égare un instant
Le petit chemin devient séduisant,
Le printemps vient d'arriver
La première rose de l'année est née,

Ô que la vie est belle
Dans la vallée aux fleurs
Quand je laisse parler mon cœur
En regardant un vol d'hirondelles

Un superbe coucher de soleil

La vie chante un soir d'été
Le soleil rougeoie
Et va se coucher
Mon cœur est en joie

Avec ce que le ciel propose
Au programme ce soir
Dans ma tête il se passe des choses,
Je retrouve l'espoir

Un grand bonheur
Entre en moi,
Mon cœur vient de vivre
Le plus doux des émois

Provoqué par des couleurs
Dans le ciel de l'été,
J'ai vu tant de douceurs
Que mon cœur a chaviré,

La joie et le bonheur
Se sont immiscés en moi
La nature m'a fait une fleur
J'ai vu disparaître le soleil derrière les grands bois,

Par un beau soir d'été
De voir l'horizon flamboyant,
Mes yeux se sont régalés
En regardant ce coucher de soleil charmant

Au milieu de la forêt

Loin de la foule,
La petite rivière coule
Elle passe dans la verte prairie
Où chante agréablement la vie,

Se trouve tout un mélange
De chants de mésanges
Toutes aussi passionnées
De voir que le printemps est arrivé,

Que le froid a disparu
Comme il était venu,
Quand chantent les oiseaux
C'est qu'il fait beau,

La saison printanière
Est la messagère
D'une vie meilleure
Accompagnée de charmantes fleurs

De la douce nature,
Monte un puissant murmure,
Une brise légère
Fait se soulever la robe de la bergère,

Le printemps est devenu la saison des amours,
Des enfants naîtront un jour
C'est ainsi que se perpétue la vie
J'ai vu des papillons dans les yeux de mes amis

Un matin

Une rose de printemps
Toute épanouie,
Une rose joue avec le vent
Et risque sa vie,

Dans la vallée aux fleurs
Une rose joue ainsi
À perdre son cœur
Dans un jardin fleuri,

C'est une merveille
Au fond du jardin
Qui joue au soleil
Un beau matin

Se penche une rose,
Pour se tourner vers la lumière
Mais elle devient peu de chose
Quand ses pétales tombent par terre

Elle se demande pourquoi
Ils sont éparpillés
Voici qu'à l'orée du bois
Le vent les a emportés

Mélangés les uns aux autres
Ils vont vite faner,
Cette histoire n'est pas drôle
Car une rose est morte avant l'été

Très douce

Pour un enfant,
Une maman
C'est le printemps
Un regard apaisant,

Un rayon de soleil,
Une merveille,
De la douceur
Pour son petit cœur

Elle est tout pour lui
C'est elle qui chante dans la nuit
Avant qu'il ne s'endorme
C'est elle qui chantonne

De vieilles chansons
Des berceuses à l'unisson
Que lui a apprises sa maman
Et c'est elle qui les chante maintenant

À son petit chéri
Qui commence sa vie
Elle le protège
Des mauvais sortilèges,

Certains soirs
Elle lui raconte une histoire
Et quand elle lui donne un tendre baiser
L'enfant endormi commence de rêver

Tout près de chez moi

Petite nature,
Divines parures
Gentils coquelicots
Et beaux pavots,

J'ai plaisir à vous regarder
C'est une émotion forte, d'être à vos côtés
Vous êtes remplie de charme
Tout chavire mon cœur, mon âme

Ô douceurs de la vie
Comme vous êtes jolies,
Papillons aux doux yeux
Pour vous ces chants mélodieux

Que cette tendre douceur
Se prolonge au plus profond de votre cœur
Et vous fasse regretter
Tous les beaux jours de l'été

Et vous libellules des marécages
Vous passez comme les nuages
Votre corps est d'une telle beauté
Qu'il ressemble étrangement à une fée

Il y a dans l'air comme un mystère
Qui entoure les journées printanières
Et les roses anciennes
Sont parfumées pour que l'on s'en souvienne

Au fil des saisons

Petite forêt
Aux mille et un secrets
Ta chevelure envahissante
Est souvent séduisante,

En toi se découvrent les saisons
Tu es le fruit d'une grande passion
Il y a dans ta verdure
Des douceurs qui rassurent

Le bruissement des feuilles
Fait grimper les écureuils
Tout en haut des cimes
Des silhouettes se dessinent

Au printemps, c'est la saison des amours
Partout se chante la beauté du jour
Dans la forêt, la vie bat son plein
Dès le petit matin,

En été
La forêt est en beauté
Des hautes futaies
Résonne le cri du geai,

En automne
Vous le savez mieux que personne
Les arbres de la forêt
Se dénudent et se font discrets

La vie c'est de l'or

La vie est une grande folie
Où règne l'envie
De vivre sa propre vie
Entouré d'amis

D'aller et de revenir
En amassant des souvenirs
Tout le long du chemin
Sans jamais penser à son destin

Sans faire allusion
À la mort qui vous guette
On se projette
On réalise nos passions

Sans se retourner
Sans regarder en arrière
On a envie de chanter
De franchir les barrières

Je le sais la vie est éphémère
Les amitiés sont sincères
La vie est douce
La vie nous pousse

Puis un jour elle nous oublie
Et l'on en perd la vie
Mais tant que l'on est vivant
Il faut garder son cœur d'enfant

À toi mon fidèle compagnon

Le soleil brillait
Un jour d'été
Tu étais
À mes côtés

La vie passait
Soudain ce fut
Comme ci
Le temps s'était arrêté

La vie nous séparait
Brusquement
Tu es parti
Un soir d'été

Et depuis
Je suis triste
De t'avoir perdu
Mon bien aimé

Toi mon fidèle
Compagnon
Mon chien
Adoré

Je pense encore
À toi
Souvent, je pleure
Sur notre amitié

Mais viens

Viens avec moi
Je veux t'emporter
Dans les bois
Loin des villes

Loin des cités
Ne reste pas là
Sans rien dire
Viens avec moi,

Je veux t'emmener
Là où tu
N'es jamais allée
Il n'y a pas de rues,

Je veux t'emmener
Dans les prés
Tout près de l'orée du bois
Pour faire battre

Nos cœurs
Nous cueillerons
De toutes petites fleurs
Viens avec moi

Je veux t'emmener
Dans le jardin
De mes pensées,
Tu seras reine, je serais le roi

Ma maman

Je restais attentif
Elle venait de me dire des mots persuasifs
Des mots stimulants
Quand on est un enfant,

Ils sont restés gravés dans ma mémoire
Vous pouvez me croire
Ils étaient dits si tendrement ces mots captivants
Qu'ils n'avaient rien à voir avec ceux d'avant

Ces mots que venaient de prononcer maman
Je ne les ai pas entendus souvent
C'était vraiment exceptionnel
Et dit d'une façon toute naturelle,

Ces mots d'amour
Elle me les a dits un jour,
Elle a troublé mes yeux
Tellement j'étais heureux

Dans mes petits bras, je l'ai serrée
Je me suis grandi pour lui donner un baiser
Je n'étais qu'un enfant
Mais quand j'y repense maintenant,

Souvent je me dis : c'était le paradis
Maman, c'était du pain béni
Je me souviens qu'un jour elle m'a dit :
Je t'aime tendrement mon petit chéri

Sur une branche perché

L'oiseau s'ennuie
Et chante parfois, sous la pluie
De douces romances
Remplies d'espérance,

Sur sa petite branche
Rien ne le dérange
Ni la pluie, ni le vent
Il vit simplement

De tout petits riens
Qu'il aime bien
Son œil affûté
A vite fait de les repérer,

Il avance à petits pas
Un coup de bec par-ci, par-là
Quand un chat arriva
Il prit peur et s'envola

Il atterrit ailleurs
Au milieu des fleurs
Mangea quelques vermisseaux
Puis alla boire dans une flaque d'eau,

Comme un oiseau assoiffé
Il avala quelques gorgées
Pour faire passer un grain de blé
Qui allait l'étrangler

Non loin de là

Le petit bois
Est celui d'autrefois
L'écureuil vit encore
Quand la nature s'endort,

Quand souffle le vent de l'automne
Les feuilles tourbillonnent
Tout près de la vielle fontaine
Là-bas, se déshabille la plaine

Le petit matin est humide
Le jour devient timide
Le froid s'installe
Et les oiseaux détalent

Vers d'autres lieux
Où ils seront plus heureux
Ils entament ce long voyage
En côtoyant les nuages,

Le vent tourbillonne
Quand s'en va l'automne
Dans les buissons jaunis
S'aperçoivent des petits nids

Fabriqués par les oiseaux
Au printemps, quand il faisait beau
Mais voici l'hiver qui arrive
Au bord de l'eau, le gel s'installe sur les rives

Les hirondelles

Vous êtes toutes belles
Jolies petites hirondelles
Vous êtes le plaisir de mes yeux
C'est vous qui me rendez heureux

Le temps et les heures
Ne sont que du bonheur
Quand je vous regarde
Mes yeux s'attardent

Sur un vol dans les airs
Ou à ras de terre
Esseulées ou en groupe
Ou par petites troupes

Il fait bon ainsi
Vous voir survoler la prairie
En zigzaguant
Avec ou contre le vent,

Vous êtes remplies de grâce
Un enfant suit vos traces
Émerveillé par la beauté
Qui s'accompagne d'agilité,

Quand vous disparaissez, tout s'efface
Mais l'enfant reste en extase
Le souvenir s'ancre en lui,
Comme un petit gazouillis

Le renard épris de liberté

C'est un peu par hasard
Que j'ai croisé son regard
Il avait de doux yeux
Il n'avait pas l'air malheureux

C'était un beau renard
Que j'ai croisé tout près de la mare,
Il était surpris de me voir par ici
J'aurai bien voulu qu'il soit mon ami

Cet animal sauvage
Avait un beau pelage,
La tête fine
Tout près du buisson d'églantines

Soudain il a disparu
Il avait des oreilles pointues
Un joli museau
Mon Dieu qu'il était beau,

Sa silhouette légère
Ne fut que passagère
Mais j'ai gardé en moi
Un beau souvenir je crois

Qu'il était comme moi
Épris de liberté,
Il aimait la plaine et les grands bois
Il me l'a dit, quand on s'est épié

Le chat et la maman souris

Dans un petit endroit bien caché
Vivait une souris en liberté,
Elle avait creusé des trous
Un peu partout

C'était son antre, son repaire,
L'endroit qu'elle préfère
Elle n'était pas malheureuse
Sa vie était plutôt heureuse,

Il n'y a pas si longtemps
Elle venait d'avoir des petits charmants
Elle les nourrissait
Et ils grandissaient

Mais d'un chat, elle avait vu le manège,
Elle avait compris son stratagème,
Il envisageait de croquer ses bébés
Et d'elle, il n'en ferait qu'une bouchée

Mais, imagine !
La souris est maligne
Elle creusa profond
Et le chat tourna en rond

Il tourna si bien, qu'il en devint fou
De voir des trous partout
Il ne savait plus où il en était,
Où il allait ou ce qu'il faisait

La rivière

Dans l'ombre et la lumière
Coule la plus jolie des rivières,
Elle serpente en descendant la pente
Qu'il pleuve ou qu'il vente,

Ses courbes sont étranges
Elle tourne, quand ça l'arrange
Comme un torrent, elle descend la vallée
Pour être plus calme dans les prés

Ses rives sont bordées de sous-bois,
Des doux murmures d'autrefois
La petite rivière coule depuis longtemps
Se moquant du temps et des ans

Dans ses rives moussues
Poussent des arbres tordus,
Le vent y chante dans les branches
Tous les dimanches.

C'est un petit paradis
Les oiseaux y font leur nid
Sur des branches de peuplier
Pour enchanter le monde entier

Du plus petit au plus grand
Viennent hommes, femmes et enfants
Pour se ressourcer
Et entendre les oiseaux chanter

Il ne faisait pas très beau

Dans ma petite vallée
Le vent s'est mis à souffler
Les feuilles à frissonner
Je me suis dit : c'est la fin de l'été

Il y avait à l'horizon
Des gros nuages mais à quoi bon,
Noircir le tableau
On entendait encore chanter les oiseaux

C'était à la fin de septembre
Mais on se serait cru en novembre
Il faisait un froid de canard,
L'automne n'était pas en retard

Il y avait des colchiques dans les prés
Les noisettes à terre venaient de tomber
Un écureuil était là, pour les ramasser
Je l'ai vu les entasser,

Cette année-là, l'automne était en avance
Et c'est le vent qui menait la danse
Mais la nature redoublait de prudence
Et ne voulait pas laisser passer sa chance,

Le feuillage de la forêt prenait des couleurs cuivrées
La vigne vierge avait sur ses feuilles des rougeurs,
L'été s'en allait avec son air moqueur
Cette année-là, l'automne venait tout juste d'arriver

Des merveilles dans le ciel

Le feu d'artifice
De beaux regards à l'instant propice
Les yeux sont tournés vers le ciel
Qui devient tout à coup surnaturel,

Des étoiles jaillissent
Des pensées s'attendrissent
Les yeux s'étonnent,
Puis on entend des bruits énormes

Des gerbes d'étincelles
Aux couleurs artificielles
Montent en puissance
Puis doucement redescendent

Et viennent s'assombrir
Peu à peu, juste avant de mourir
Puis un autre bruit,
Soudain le ciel s'éclaire à nouveau dans la nuit

Remplie de couleurs éblouissantes
L'obscurité est encore plus ravissante
Le ciel devient de toutes les couleurs
Faut en profiter, cela ne dure pas des heures

Mais comme c'est beau
Ces sifflements d'oiseaux
Dans la nuit noire
Font entrevoir au cœur, comme un espoir

Je vous propose un retour en arrière

Souvenez-vous
Des temps anciens,
Des soirs d'hiver
À la veillée,

Gardez dans votre mémoire
De jolies, de belles histoires
Comme celles du petit colporteur
Qui était aussi marchand de bonheur,

Quand il passait dans un village
Le ciel en perdait ses nuages
Le rêve était là
Apporté par chacun de ses pas,

Il n'offrait pas des roses
Mais parlait de toutes ces choses
Qui embellissent la vie
De Besançon à Paris,

Des contes d'antan,
Des filles à soldat,
Des guerres passées,
Ou du champ qu'il fallait moissonner

Souvenez-vous !
Des temps anciens
Savourez, écoutez
Les anciens vous raconter

Dans mon enfance

À l'orée du petit bois
Résonnaient des fleurs en surcroît,
Au bord de la rivière
Se pavanait la douceur printanière

Sur le chemin des haies coquettes
Se répandait l'essence des violettes,
Il faisait bon dans la forêt
Tout invoquait le respect,

Au petit bois charmant
J'y suis allé étant enfant
Mes yeux se sont émerveillés
Dès que j'ai entendu le geai crier

Quand son bruit s'est répandu jusqu'aux cieux
Ce fut un silence religieux,
Ce petit monde est devenu silencieux
Et je m'avançais tout heureux

Une joie soudaine s'empara de moi,
J'étais le plus heureux des enfants du petit bois
Celui qui regardait le lierre qui s'entortille
Jusqu'au bout des moindres ramilles,

Sous le ciel et ses quelques nuages
Je commençais mon apprentissage,
La beauté de la forêt avait attendri mon cœur
Tout petit, je savourais déjà ce bonheur

Le cantonnier et les fleurs de la vallée

Dans ma verte vallée
Il y a de quoi s'étonner,
Les fleurs sont partout
Que voulez-vous !

J'en sème à droite à gauche
Le cantonnier les fauche
Mais elles repoussent
Encore plus jolies plus douces,

Dans la vallée enchantée
Les petites fleurs des prés
Sont par milliers,
Toutes éparpillées

Heureusement, il n'y a qu'un cantonnier
Pour toute la vallée
Les fleurs en sont conscientes
Et la nature est luxuriante

Les fleurs se réjouissent de repousser,
Tu peux les couper petit cantonnier
Entre toi et moi,
Les fleurs se moquent de toi

Elles font comme si tu n'existais pas
Tu ne les déranges même pas
Les fleurs seront encore là
Le jour où toi tu baisseras les bras

La vieille fée

Des yeux malicieux
Un visage mystérieux
Dans un endroit
Qui rappelle autrefois

La fée de ce vieux village
Jouait dans les nuages,
Parfois au coin des rues
On apercevait l'inconnue

Ce qu'elle faisait là,
On ne le savait pas
On dit qu'il l'a vue une nuit de pleine lune
Au bord d'une route qui cherchait fortune,

Peu de temps après, elle rôdait près d'une maison
Et les enfants qui dormaient ont eu des frissons,
On dit qu'elle est maléfique
Partout où elle va on entend une petite musique,

Elle chante bizarrement
Des refrains envoûtants
Elle écorche les mots
Que répète bêtement l'écho,

Un jour si vous croisez son regard
Vous aurez les yeux hagards
Cette fée s'habille de lambeaux
Pour hanter tous les hameaux

Tout là-haut dans le ciel

Aux beaux jours de l'été
Dans ma verte vallée
Alors que je passais
Mes yeux regardaient,

Au fond d'un ciel nuageux
Un arc-en-ciel lumineux
Dominé par un éblouissant soleil,
Voici soudain que je m'émerveille

D'une rareté colorée
Dans un ciel moutonné,
Des tendres couleurs
Font des yeux le bonheur,

Ô que de richesses,
Le ciel est en liesse
Il me montre ses beaux attraits
Et j'en suis distrait

Mais peu de temps après
L'arc-en-ciel disparaît
Dissipé par le vent
Du ciel il est absent

Dans mon for intérieur, j'ai cru rêver
Un instant pas une éternité
Mon cœur s'est réjoui
De voir un arc-en-ciel d'une beauté inouïe

Petit caneton

Je te vois sur l'eau de l'étang
Tu prends tout ton temps
Tu es pour moi le joyau
De tous les oiseaux

Petit canard
Tu n'es pas bizarre
Tu es pour moi,
Un petit roi

Tu flottes sur l'eau,
Tu es toujours beau
Avec tes plumes soyeuses,
Ta petite tête audacieuse

Le jaune de ton bec
Est toujours sec,
Tes coins-coins
S'entendent de loin

Petit canard
Tu n'es pas en retard
Ton œil est vif et joyeux,
On dirait que tu es heureux

Avec tes pattes palmées
Tes ailes déployées
L'air va t'aider,
Tu vas t'envoler

C'est le printemps

Les scilles et les pervenches
Sont d'un bleu intense
Et l'orée du bois
Est plus élégante qu'autrefois,

Sous la charmille
Se promène une petite chenille
Et l'orée du bois
Semble plus sympathique qu'autrefois,

Il vient de sortir de son cocon
Le joli papillon
Et l'orée du bois
N'attend que toi,

Un rayon de soleil
Brille et émerveille
Et l'orée du bois
Est plus charmante qu'autrefois,

Le vent court
Doucement, le temps suit son cours
Et l'orée du bois
Est plus jolie qu'autrefois

Sur un chemin bordé de fleurs
Tu t'évades mon cœur
Et l'orée du bois
Te rappelle autrefois

De-ci de-là

De fleur en fleur
La nature a bercé mon cœur
Et son doux murmure
M'a troublé c'est sûr

De petit chemin en petit chemin
Ah qu'ai-je fait de mes matins
De ces marches intensives
De ces promenades successives

Longtemps j'ai cherché
Le bonheur, cette réalité
Qui ne s'effiloche pas
À chacun de nos pas

De jardin en jardin
Oui je me souviens
De leur époustouflante beauté
Et des questions qu'ils ont soulevées

De vallon en vallon
Ce n'est que beaux refrains et belles chansons
Pour un avenir contemplatif
Qui devient vite exhaustif

De rivière en rivière
La douceur est passagère
L'eau emporte votre tristesse
Mais gardez votre sourire et votre gentillesse

La-bas

Tout au bout de la plaine
Se trouve une vieille fontaine
Une fée l'habite,
On dit qu'elle est toute petite

Que son savoir est phénoménal
Pour les choses matrimoniales
Qu'elle envoûte les parents
Pour savoir combien ils auront d'enfants,

On a du mal de l'apercevoir
On dit que certains soirs
Quand disparaît la brume
Elle apparaît dans un rayon de lune,

On dit qu'elle se faufile
Avec un certain style,
Elle raconte des histoires anciennes
Qu'un prince aurait mis sa main dans la sienne,

Elle dit aussi
Faites attention mes amis
Un jour l'eau s'arrêtera de couler
D'abord à la fontaine puis sur l'évier,

La fée est toute petite
Mais, ce qu'elle dit est véridique
Elle a déjà fait des prédictions sur le village de Sancey
Et cela est arrivé

Dans la forêt

J'ai vu tomber les feuilles
Bondir des écureuils
Pour s'accrocher à une branche,
Avec un peu de chance

Ils se sont rattrapés de justesse
Grâce à leur adresse,
Ils ont des petites pattes
Pour rejoindre leurs pénates

Une queue en panache
Pour assurer leur démarche
Des yeux noisette
Pas plus gros que le bout d'une allumette,

Des petites moustaches
Qui remuent quand ils marchent,
Quand fonce la couleur de leur robe
C'est qu'habilement ils se dérobent

Un écureuil, c'est tout petit
Croyez-moi mes amis
Un écureuil c'est gentil
Laissez-le devenir votre ami

Ne restez pas de marbre
Allez les regarder tout près des arbres,
Vous pourrez les admirer
Mais ne dites jamais que je vous en ai parlé

Comme ils sont beaux

Les papillons
Émerveillent mes yeux
Quand j'en découvre un,
Je suis heureux

Je le regarde,
Sur lui,
Mes yeux musardent
Sur ses couleurs

Un petit bonheur
Envahit mon cœur,
Sa légèreté me console,
Quand le papillon vole

Je m'envole avec lui
Ses ailes ne bruissent d'aucun bruit
De là-haut tout est beau
Au pays des oiseaux

C'est un autre monde,
On le voit la terre est ronde
Le ciel est bien loin
Mais, on est si bien dans ce petit coin

Mes yeux papillonnent
Mes sens s'étonnent
Un papillon d'été
Est venu tout chambouler

Au printemps

Ô mon petit vallon
Dans le plus grand des secrets
J'aime ton innocente chanson
Elle fait reverdir la forêt,

Enchante tes lieux
D'agréables douceurs
Les oiseaux sont heureux
Et pépient de bonheur,

Benoix l'écureuil
Se cache dans les feuilles
Le vent caresse sa fourrure
Pendant que la nature doucement murmure

Un papillon s'envole,
Avant de quitter les herbes folles
Une superbe libellule
Et une abeille se congratulent

La fourmi thésaurise
Des noyaux de cerise
Pendant que la grenouille des marécages
s'enfuit à la nage,

Le vent discret
Cache bien son secret,
Le malheureux
Erre, sans jamais être heureux

Quel bazar

Dans un magasin de farce et attrape
J'ai trouvé du raisin en grappe,
Un petit cadenas,
Deux boxeurs qui menaient un combat,

Une petite poupée qui avait une écharpe,
Une fille qui jouait de la harpe,
Un adolescent grattant sa guitare,
Deux blousons noirs qui cherchaient la bagarre,

J'ai vu du tissu bleu et des ciseaux,
Un vieux monsieur avec un chapeau,
Un peu plus loin une vache et son veau,
Un petit moulin qui tournait sans une goutte d'eau,

Un nain avec à la main une bêche,
Un gros bouchon de liège,
Un coq emplumé et bien dodu,
Un sifflet, un gendarme inattendu,

Un chameau entouré de sable du désert,
Un petit garçon qui mangeait son dessert,
Un homme qui tenait une burette,
Plus loin un âne qui tirait une charrette

Une grenouille qui mangeait un criquet,
Un percepteur qui attendait à son guichet
Et moi je suis resté là étonné
Me demandant bien ce que j'allais acheter

Regardez le ciel et rêvez

Le calme du soir
Est toujours rempli d'espoir,
On oublie son infortune
En regardant madame la lune

Il s'installe un vrai bonheur
Tout au fond du cœur
Une douce quiétude
Fait oublier les incertitudes

Tout ce qui gâche la vie
Et fait s'enfuir les amis,
Tout ce qui n'a pas lieu d'être
Quand le cœur n'est pas à la fête,

Regarder le ciel fait disparaître
L'ennui qui vient d'apparaître,
En cherchant une étoile venant de naître
Et lui donner un nom pour mieux la reconnaître,

Le calme du soir
Est toujours rempli d'espoir
Tout là-haut des petits points scintillent
Dans la nuit vos yeux brillent

Le ciel sombre et étoilé
Vous fera amplement rêver
Il apportera à votre vie
La douce, la tendre rêverie

Il chante à merveille

Le rossignol du printemps
Aime faire un tour dans le vent
Il se laisse emporter
Dans l'air embaumé,

De branche en branche
C'est toujours dimanche,
Il a l'œil vif
Et le regard attentif

Le rossignol du printemps
Chante éperdument,
Il frôle les papillons
Et profite de la belle saison

Pour dire je suis là,
Ne t'en va pas
Écoute ma chanson
Pour te mettre au diapason,

Regarde-moi
Écoute-moi à l'orée du bois,
Je chante la mélodie
Qui embellit la vie

Quelques notes de musique
Dans l'air sont magiques,
Laissez le petit rossignol
Vous apporter son obole

Il s'affole

Sur un chemin de traverse
Il tombe une petite averse,
L'escargot en profite
Pour aller plus vite

Là-bas au bout de la plaine
Là, où la terre est vaine
Il va pour pondre ses œufs
C'est la nature qui le veut,

Il faut se rendre à l'évidence
Perpétuer l'espèce est une chance
Faire un trou pour pondre
Et mettre les œufs à l'ombre

Pour que naissent des bébés
Tous petits dans l'immensité,
De dame nature
Qui esquisse un doux murmure

Puis, s'ensuit une douce chaleur
Qui réchauffe le gastéropode au fond du cœur
Il a pondu,
Il quitte le trou, les œufs ne se voient plus

C'est un beau geste
Et la nature fera le reste
Avec le soleil, la pluie le vent
Des petits seront là, à la fin du printemps

Bien au chaud

Un petit chat ronronne
Une petite fille chantonne,
Tout près d'un brave feu
Nos deux êtres sont heureux

Le petit chat est blotti
Dans les bras de Marie
Entouré d'une tendresse particulière,
D'une amitié régulière

Le petit chat a l'habitude
Avec Marie qui change d'attitude
Alors elle le prend sur ses genoux
Et lui, il s'amuse comme un petit fou

C'est beau c'est chouette
Leurs deux silhouettes,
Leurs ombres qui jouent
Et tout se dénoue

Force et agilité
Amour amitié
Des caresses
Font fuir la détresse,

Ne se souciant de rien
Nos amis lient leur destin,
Le chat et Marie
C'est une union pour la vie

La pluie s'en mêlait

Sur le chemin du bonheur
Je marchais avec ardeur
Quelques gouttes de pluie
Mouillaient mon parapluie,

Un escargot jouait doucement,
Par un beau matin de printemps
Il suivait le bord de la rivière
En goûtant aux joies printanières,

La pluie tombait sur la forêt
Et l'écureuil cherchait en secret
Un tas de noisettes, sans se faire voir
Lorsque soudain, il vient de l'apercevoir

Sur le chemin du bonheur
Je marchais avec ardeur
Ce petit printemps frileux
Me rendait tout heureux

Encore plus attentif
En attendant l'instant fatidique
Le merle tout à l'heure chanterait
Et sa romance l'écho la répéterait

Dans la vallée toute entière,
Une pluie printanière
Composait ses notes dans les feuilles
Et mouillait le petit écureuil

Les papillons

Dans la vallée profonde
Que le soleil inonde
De ses rayons ambrés
Virevoltent les papillons de l'été

Ils ont des ailes chamarrées
Leur vie n'est pas compliquée
Ils volent de-ci de-là,
Se posent par-ci par-là

Sur des fleurs en beauté
Avec aisance et légèreté,
Ils se baladent de fleur en fleur
Pour visiter leur cœur,

Ils sont quelquefois lents, parfois rapides
Les papillons sont souvent intrépides
Vifs et remplis d'ardeur
Ils profitent de l'air et de sa tiédeur,

Les papillons vivent agiles
Ils sont aussi fragiles
Mais leurs ailes frêles
Font souvent du zèle,

Dans le milieu naturel
Comme si elles étaient éternelles
Avec un peu d'insouciance
Mais toujours aussi chatoyantes

Rêves d'enfant

Les petits rêves d'enfant
S'en vont mourir dans le vent
Et rejoindre la chanson des oiseaux
Là-bas, dans le ciel tout là-haut

Parmi les anges ses rêves se mélangent
Et deviennent de plus en plus étranges
Avec une sensation de petits bonheurs
Mélangés à des sanglots et des pleurs,

Les petits rêves d'enfant sont parfois souriants
Remplis de charme et d'enchantement,
De sourires tendres tournés vers l'avenir
Et de toutes ces joies qu'il a du mal à contenir

Tout en dormant le petit enfant rêve souvent
Mais tous ses rêves sont emportés par le vent
Au pays des oiseaux là où il fait toujours beau
Le petit enfant rêve qu'il flotte sur l'eau

Emporté par le courant qui l'entraîne
Il n'est pas au bout de ses peines
Mais une fée bienveillante le surveille
Et pour lui sonne l'heure du réveil

Sa maman qui l'a entendu crier
Alors qu'elle dormait s'est levée
L'a pris dans ses bras pour le bercer
Alors, il s'est endormi et son rêve l'a poursuivi

Dans la vallée aux fleurs

Dans un petit coin calme et paisible
Tout devient étonnamment possible
Le silencieux comme le merveilleux
Se mélangent aux jours heureux

Se confondent parfois au bonheur,
Dans cette charmante vallée aux fleurs
Règne un parfum, des essences subtiles
Créant dans l'air des instants fragiles

Tout en embellissant tendrement la vie,
Tout en évoquant des fleurs plus jolies
Les unes que les autres et leurs corolles
Laissent dans la mémoire des auréoles

En comblant tous les trous, les vides
On cherche dans cette vallée, on est avide
De se retrouver dans un parfait inconnu
Et de plonger son regard à perte de vue,

Les oiseaux viennent vous donner l'aubade
Et vous accompagnent dans votre agréable balade,
Gracieux les anges de l'amour vous entourent
Et tout autour de vous des lutins courent

Dans un petit coin calme et paisible
Tout devient étonnamment possible
Sous les grands sapins verts, frissonnent des fleurs
Trône aussi une branche pour accrocher son cœur

Je te donnerais

Je te donnerais la beauté
De mes jours et de mes nuits,
Je resterais près de toi sans faire de bruit,
J'irais te retrouver

Pour te conter
Mes rêves insensés
Ceux d'hier et du temps passé
Et ceux que j'ai oubliés,

Je te donnerais la force
Pour surmonter les épreuves
Je t'apporterais la preuve
Que la vie n'est pas toujours morose,

J'irais te retrouver
Pour te donner du courage
Pour te faire oublier ton âge
En devisant avec sensibilité

Je te donnerais ma confiance
Avec un brin de bonheur
Je voudrais voir s'étouffer tes pleurs
Je te ferais des confidences,

Je te donnerais tout ce qu'il te manque,
Un petit sourire, un éclat de rire,
Je te donnerais l'envie de vivre
Pour toi, je ferais le saltimbanque

Laissez-moi

Mais je vous en prie
Laissez-moi vivre ma vie,
Elle suit son chemin
Elle flâne dans la rosée du matin

Si parfois elle s'endort
C'est qu'il lui manque un petit réconfort
Elle a besoin d'un peu de jeunesse
Pour vaincre sa tristesse,

Je vous en prie
Laissez-moi vivre ma vie
Laissez-moi, mon bonheur
C'est de vivre au milieu des fleurs

C'est de partager des douceurs
Je suis un doux rêveur
Entre les deux mon cœur balance
Et je me dis : tu as de la chance

De pouvoir contempler ainsi
Toutes les beautés de la vie,
De fréquenter les pistes de danse
De ne pas vivre dans le silence

Je vous en prie
Laissez-moi vivre ma vie,
Je vous en prie
Ne venez pas vous immiscer dans ma vie

Un peu de rêve

Pour ne pas que votre vie s'achève
Je veux vous vendre du rêve
Mettez vos plus beaux habits
Une fée va venir vous chercher,

Un lutin va vous prendre la main
Pour changer votre destin
Bannir tout ce qui ne va pas
Et vous parler tout bas,

Vous dire que la vie n'est pas un jeu de piste
Que le bonheur existe
En extrapolant un peu,
Une étincelle peut mettre le feu

Et vous partirez sur un tapis volant
Vous et vos enfants
En direction de Tahiti
Pour visiter les îles de Bora-Bora

À votre arrivée des filles vous attendront
Sur le rivage pour poser sur votre cou
Un collier de fleurs sauvages
Et vous serez sur un beau nuage,

Pour ne pas que votre vie s'achève
Je veux vous vendre du rêve,
Mettez vos plus beaux habits
Une fée va venir vous chercher

Tu vis hors de ton temps

L'oiseau chante et tu ne l'entends pas
Le climat se réchauffe et tu ne le sais pas
Tu vis des lieux à la ronde
Enfermé dans un autre monde,

Celui des temps anciens
Quand tout allait bien
Tu chantes encore de vieux refrains
Tu parles de cette fille dont tu avais le béguin

L'oiseau chante et tu ne l'entends pas
Le climat se réchauffe et tu ne le sais pas
Tu sais que la terre est ronde
Mais, tu n'as jamais fait le tour du monde,

Tu vis esseulé sans jamais te retourner
Tes paroles sont bondées d'adversité
Jamais au grand jamais tu ne te projettes
Tu es trop souvent à la buvette,

Tu ne vois plus le temps passer
Ni le climat rapidement se réchauffer
Tu vis des lieux à la ronde
Enfermé dans un autre monde

Tu ne sais pas, tu ne sais plus
Ce qu'il adviendra, ce qu'il est devenu
Tu parles du passé comme s'il se vivait maintenant
Tu parles encore comme tes arrières grands-parents

Tout doucement

Laissez-vous bercer
Par le doux murmure,
Laissez-vous charmer
Par le bruit du vent dans les ramures

La vie est bien trop courte
Une chanson c'est peu de chose,
Il faut étouffer ses doutes
Laissez croître les boutons de roses

Laissez-vous emporter
Par le bruit des vagues,
Faites-vous bronzer
Sur la plage par ce soleil qui vous nargue,

Laissez-vous charmer
Par ce jeune homme qui passe
Il pourrait vous aimer
Et tenir dans votre cœur une grande place,

Laissez-vous dorloter
Par le chant des cigales
Vous allez l'adopter
C'est tout à fait normal,

Laissez-vous bercer
Par le doux murmure
D'un poème d'été
Faites-vous la malle, franchissez le mur

Tu es toujours sur les quatre chemins

Toi qui voyages
Sous un ciel sans nuage
Toi qui te promènes
Toi qui te démènes

Toi qui vas et qui viens
Par les grands chemins
Tu n'as pas le temps
De t'offrir des bons moments

Tu vas et tu viens
Tu es toujours sur les quatre chemins
Et dans l'adversité,
Tu n'as pas le temps d'aimer

De te satisfaire
De prendre le repos nécessaire
Tu ne fais que passer
Tu n'as pas le temps d'aimer,

Tu files sur l'autoroute
L'esprit dans le doute,
Tu vas vers d'autres contrées
Mais tu ne prends pas le temps d'aimer,

Toi qui voyages
Sous un ciel sans nuage
Toi qui es ligoté au temps
Tu files, files à tes dépens

Dans mon vallon se trouve un château

Petit vallon, tu m'émerveilles
Quand sur toi brille le soleil
C'est un vrai régal
De t'apercevoir en intégral,

Tu es encore plus joli,
Tu incites à la vie
Ta beauté est sans pareille
Dans un rayon de soleil

Toute une multitude de papillons
Volent dans mon petit vallon
Entre Rahon et Sancey,
J'aime me retrouver à regarder

Devant moi sur un éperon rocheux
Se dresse un château moyenâgeux
Autour, se love le village de Belvoir
Une fois dans sa vie il faut le voir

Il est perché tout en haut du vallon
Entouré de vieux murs et de vieilles maisons
Le regarder me fait rêver,
Il éclaire ma pensée

Il a sa place dans mon vallon
Il nous parle de chansons,
D'une princesse de ses amours
D'un prince dont on attend le retour

Le temps passe et court

Dans cette vallée florissante
Ma passion est ardente,
J'aime les petites fleurs
C'est elles qui font battre mon cœur

Tout en douceur
J'oublie mes erreurs
Mais, le temps s'en va
Il avance à petits pas

C'est le passage du temps, de la vie
Qui court le jour et dort la nuit,
C'est l'éternel refrain
D'une chanson que l'on croit sans fin

Dans la vallée, j'oublie ces menaces
Mes paroles sont remplies d'audace
Je vis avec les saisons
Les sens en ébullition,

Un rayon de soleil
Et plus rien n'est pareil
C'est le petit plus du réconfort
La clairière s'illumine et je l'adore,

Pourtant le temps s'en va
Il avance à petit pas,
Je suis bien dans la vallée
Mais je le sais, je ne fais que passer

Dans ce monde sans pitié

La poésie
Ça chante la vie
C'est un soleil
Dont la douceur émerveille,

C'est une petite
Lumière dans le soir
Qui guide l'ermite
Qui erre dans le noir,

C'est une bougie allumée
Une flamme qui danse
Une auréole
Qui fait rêver,

C'est le soleil du matin
C'est la sucette d'un bambin,
C'est le succès
Qui s'entoure de beaux reflets

La poésie c'est la vie
C'est s'entourer d'amis
Les chérir les aimer
Leur dire la vérité,

La poésie
C'est une rose jolie
C'est une charmante fleur
Qui vit dans ton cœur

J'ai écrit ce livre avec plaisir, j'espère qu'il adoucira votre vie
En vous faisant voyager dans le monde de la poésie